CATALOGUE

D'UN

MOBILIER ARTISTIQUE

De Différents Styles

BEAUX MEUBLES DE SALON EN TAPISSERIE ET BOIS DORÉ

JOLIS SIÈGES, MEUBLES D'ART

PIANO DE PLEYEL — BILLARD

BRONZES D'ART ET D'AMEUBLEMENT, ÉCLAIRAGE ÉLECTRIQUE

DE BARBEDIENNE ET AUTRES, SCULPTURES

FAIENCES ET VERRERIE ARTISTIQUE, ETC.

Tapis de Smyrne

TABLEAUX MODERNES ET AQUARELLES

PAR

E. BOUDIN, F. CHAIGNEAU, CHAPLIN, DELORT, DE MARNE, DE FERRER,
FLERS, JAPY, MADELEINE LEMAIRE, PELOUSE,
DE PENNE, RAFFAELLI, ROSA BONHEUR, TROYON, VUILLEFROY,
WALKER, WASHINGTON.

Œuvre importante de PROTAIS

TABLEAUX ANCIENS ET PORTRAITS

DROUAIS PÈRE, LARGILLIÈRE, ÉCOLE FRANÇAISE, WOUWERMAN.

DONT LA VENTE AURA LIEU

Pour cause de départ de Madame X***

HOTEL DROUOT, SALLES N°s 9 & 10

Les Jeudi 20 et Vendredi 21 Mars 1902

à deux heures et demie

COMMISSAIRE-PRISEUR	EXPERT
Me CH. DUBOURG	**M. B. LASQUIN**
10, rue Lafayette	12, rue Laffitte

Chez lesquels se trouve le présent Catalogue

EXPOSITION PUBLIQUE

Le Mercredi 19 Mars 1902, de 1 heure 1/2 à 5 heures 1/2

CONDITIONS DE LA VENTE

Elle sera faite au comptant.

Les acquéreurs paieront *dix pour cent* en sus des prix d'adjudication.

L'exposition mettant le public à même de se rendre compte de l'état des objets, il ne sera admis aucune réclamation l'adjudication prononcée.

Paris. — Imp. de l'Art, E. MOREAU et Cie, 41, rue de la Victoire

VENTE POUR CAUSE DE DÉPART DE Mme X***

MOBILIER ARTISTIQUE

Beaux Sièges en Tapisserie

BRONZES D'ART, SCULPTURES

TABLEAUX MODERNES ET ANCIENS

HOTEL DROUOT, SALLES N° 9 & 10

LES JEUDI 20 ET VENDREDI 21 MARS 1902

À DEUX HEURES ET DEMIE

COMMISSAIRE-PRISEUR

M° CH. DUBOURG

rue Lafayette

EXPERT

M. B. LASQUIN

rue Laffitte

EXPOSITION PUBLIQUE

Le Mercredi 19 Mars 1902, de une heure et demie à cinq heures et demie

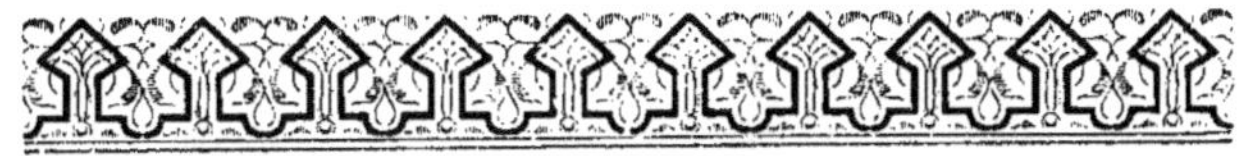

DÉSIGNATION

TABLEAUX, DESSINS
AQUARELLES

BOUDIN (E.)

1 — *Paysage à Quillebœuf.*

CHAIGNEAU (F.)

2 — *Trois Moutons paissant dans un champ.*

CHAPLIN

3 — *Allégorie de l'Aurore : trois amours sur des nuages.*

Pastel.
Signé au bas à droite.

CORDOVA (P. DE)

4 — *Le Renseignement.*

DAUBIGNY (Karl)

5 — *Paysage ; clair de lune.*

DELORT

6 — *La Bouquetière.*

Peinture sur fond doré.
Signée au bas à droite.

DE MARNE

7 — *Bestiaux à l'abreuvoir.*

DROUAIS (Le Père Attribué à)

8 — *Portrait de jeune femme assise dans un fauteuil et tenant un éventail.*

ÉCOLE ESPAGNOLE

9 — *Apothéose d'un saint.*

ÉCOLE FRANÇAISE (XVIIIᵉ SIÈCLE)

10 — *Portrait de jeune femme à mi-corps, en robe
rose et manteau bleu, chevelure poudrée ornée de
fleurs.*

Cadre ancien en bois sculpté.

ÉCOLE FRANÇAISE (XVIIIᵉ SIÈCLE)

11 — *Portrait de jeune femme en corsage blanc
décolleté et manteau rose.*

Forme ovale.

ÉCOLE FRANÇAISE

12 — *Portrait de Louis XV enfant.*

> Pastel.
> Forme ovale.

FERRER (A. DE) (1889)

13 — *Intérieur de posada.*

FLERS

14 — *Charrette et Bestiaux dans un paysage des environs d'Annet-sur-Marne.*

GIRARDET (JULES)

15 — *Environs de Biskra.*

GOURDON

16 — *Paysage (forêt de Fontainebleau).*

JAPY

17 — *L'Étang.*

> Signé au bas à droite.

JAPY (1890)

18 — *Bestiaux au bord d'un cours d'eau.*

LARGILLIÈRE (Attribué à)

19 — *Portrait d'une dame de la Cour, représentée à mi-jambe, tournée de trois quarts vers la gauche.*

Cadre ancien en bois sculpté.

LEMAIRE (Madeleine)

20 — *Dame Empire jouant de la guitare.*

Dessin à l'encre de Chine.

PELOUSE

21 — *Paysage.*

PELOUSE

22 — *Saulaie.*

PENNE (O. de)

23 — *Rendez-vous de chasse.*

Aquarelle.

PROTAIS

24 — *Avant la Revue.*

Importante composition.

RAFFAELLI

25 — *Pêcheurs au bord de la mer.*

ROSA BONHEUR

26 — *Deux Taureaux.*

Dessin au crayon.
Signé au bas à droite.

ROZIER (Dominique)

27 — *Corbeille de roses.*

ROZIER (Dominique)

28 — *Orfèvrerie et rose.*

TROYON (C.)

29 — *Chaumière normande.*

Pastel.
Signé à gauche.

VUILLEFROY

30 — *Bestiaux au pâturage.*

WALKER (J.-A.)

31 — *Manœuvre d'artillerie.*

WASHINGTON

32 — *Fantasia arabe.*

WASHINGTON

33 — *Cavaliers arabes à l'abreuvoir.*

WOUWERMAN (D'après)

34 — *Le Départ pour la chasse*.

WOUWERMAN (D'après)

35 — *La Fontaine du Triton*.

35 *bis* — Tableaux non catalogués.

MOBILIER ET OBJETS D'ART

ANTICHAMBRE

36 — Banquette-coffre, à dossier en chêne sculpté, de style Renaissance, orné d'un bas-relief : combat de cavalier, d'un motif de cartouches, de mascarons et de têtes chimériques.

37 — Deux fauteuils en bois sculpté, avec bras-volutes supportés par des négrillons. Garniture en velours de Gênes de couleur.

38 — Deux escabeaux, de style Renaissance, en noyer sculpté.

39 — Deux statuettes : Femmes Hindoues en bois peint et doré en partie : Danseuse et musicienne.

40 — Deux supports, de style chinois, en bois noir sculpté, à quatre pieds.

41 — Porte-manteau-porte-parapluie, à fronton en noyer sculpté, à fond de glace.

42 — Table de style Henri II en chêne sculpté.

43 — Cylindre en poterie orientale.

44 — Quatre panneaux de laque incrusté d'ivoire et de bois, représentant un oiseau voltigeant et un guerrier combattant, etc.

45 — Plaque d'émail, genre Limoges, représentant un lansquenet.

SALLE A MANGER

46 — Très riche ameublement de salle à manger, de style Renaissance, composé d'un buffet à deux corps surmonté d'un dais avec panneaux de portes ornés de médaillons-bustes et de têtes d'animaux dans des ornements, à colonnes cannelées, balustres et frises de guirlandes de fleurs et de fruits.

Il est composé d'une table oblongue, d'une servante, surmontée d'un vaisselier avec deux bas-reliefs : Jeux d'enfants, et douze chaises foncées de cuir.

47 — Table à thé en laque aventurinée.

48 — Deux colonnes-supports en marbres de couleurs, avec chapiteaux et moulures de bronze.

49 — Lustre à électricité, et quatre appliques garnis de cristaux de Baccarat.

50 — Tapis de Smyrne, fond rouge à larges fleurs.

GRAND SALON

51 — Très bel ameublement, de style Régence, en
bois finement sculpté et doré, à fleurs et feuillages, avec garniture en tapisserie fine représentant des oiseaux dans des paysages avec en-
tourage de larges fleurs.

Il est composé d'un petit canapé et de quatre
fauteuils grand modèle, avec dossiers carrés à
contours.

52 — Un canapé, deux fauteuils et deux chaises de
style Louis XVI, à dossiers écussons en bois
sculpté et doré, à feuilles d'acanthe, perles et
rais de cœurs, garniture de tapisserie offrant
des figures de villageois sur les dossiers et des
animaux sur les sièges ainsi que des draperies
et des guirlandes de fleurs.

53 — Grand tabouret, de style Louis XIV, avec
entrejambe en X en bois sculpté et doré, garni
de soierie ancienne.

54 — Table de milieu, de style Louis XIV, en bois
richement sculpté et doré, à rocailles, fleurs,
feuillages et écussons fleurdelisés, dessus de
brèche d'Alep.

55 — Paravent à trois feuilles, de même style que la
table qui précède, garni de panneaux de glace
et de feuilles en damas de soie jaune.

56 — Petit fauteuil, à dossier bas et à rampe con-
tournée en noyer sculpté, garni de soierie,
brochée à fleurs.

57 — Fauteuil en forme d'X, de style Renaissance,
en bois sculpté, à têtes de béliers, griffons et
mascarons.

58 — Table, de style Louis XVI, en bois d'acajou,
ornée sur la ceinture de frises de jeux d'enfants,
de guirlandes de fleurs et de draperies et sur
les pieds carrés de rosaces et de chutes formées
d'attributs en bronze doré.
Dessus de marbre veiné.

59 — Support élevé, à quatre pieds, en bois noir
sculpté, de style chinois, orné de bronze et à
dessus de marbre rouge.

60 — Petit écran, à deux feuilles, en bois laqué,
offrant des figures japonaises sous des ar-
bustes.

61 — Piano demi-queue, de Pleyel, en bois de pa-
lissandre.

62 — Orgue de Mustel, bois noir.

63 — *La Musique*, de Delaplanche. Statue bronze
de *Barbedienne*.

64 — Galerie de foyer en bronze doré, orné de deux sphinx : femmes assises.

65 — Deux candélabres, à six lumières, à l'électricité, soutenus par des figures de femmes drapées, en bronze de *Barbedienne*, d'après GUILLEMIN.

66 — Deux colonnes-supports en marbre griotte, avec chapiteaux, tores et moulures en bronze.

67 — Deux lampadaires-trépieds, de style grec, supportant des vases surmontés de six lumières à l'électricité. Socle en marbre griotte.

68 — Garniture en bronze de *Christophle*, composée d'une pièce de milieu offrant deux nymphes et deux amours adossés à un piédestal supportant un vase en cristal, et de deux candélabres à deux lumières, offrant chacun une figure de femme et d'enfant enguirlandant une colonne.

69 — Petit buste, à dix lumières à l'électricité, en bronze garni de cristaux de Baccarat.

70 — Divers vases et jardinières en faïence artistique.

BILLARD

71 — Billard en bois d'érable, de Guéret, avec douze queues, porte-queues, billes et accessoires.

72 — Élégante suspension de billard en cuivre, pour lumière électrique.

72 *bis* — Quatre appliques à éclairage électrique en cuivre, ornées de griffons ailés.

73 — Canapé et quatre fauteuils, à haut dossier, en bois sculpté, style Louis XIV, recouvert en tapisserie style Renaissance, à figures allégoriques et vases de fleurs.

74 — Deux fauteuils, de style Louis XIV, en bois doré, garnis de tapisserie à pavots sur fond bleu.

75 — Deux petites banquettes à accotoirs, de style Louis XV, en bois sculpté, à ornements dorés, garnies de soieries vert d'eau.

76 — Support à quatre pieds élevés, de style chinois, en bois noir sculpté et ajouré.

77 — Deux supports de même style.

78 — Tabouret, style oriental, avec dessus en broderie.

79 — Deux grands plats ovales, porcelaine décorée
gros bleu de Sèvres, sujets de batailles.

80 — Deux vases en pâte tendre, genre Sèvres.
Signés : *Morior*, de Sèvres.

81 — Une pendule, bronze doré et porcelaine genre
Sèvres, et deux torchères avec couvercles de
même.

82 — Deux importants candélabres en argent, style
Régence, de chez Aucoc.

83 — Deux lampes en porcelaine flambée, montées
en bronze.

84 — Grand vase, de forme ovoïde à piédouche, en
porcelaine fond gros bleu, avec décor en dorure
offrant deux médaillons, représentant, l'un un
sujet à trois figures, et l'autre un paysage. Socle
en bronze.

85 — Casier à musique, en forme de petite chaise à
porteurs, garni d'étoffe, et de deux miroirs.

PETIT SALON

86 — Bel ameublement, de style Louis XVI, en
bois sculpté et doré (modèle de Trianon). Dossier carré à retour, orné de médaillons, volutes.
feuilles d'acanthe piastrés, enroulements et

feuilles de lauriers, avec garniture en soie crème
brochée à bouquets de fleurs. Il est composé
d'un canapé, deux marquises et quatre chaises.

87 — Écran, de style Louis XVI, en forme d'écus-
son, en bois sculpté, doré en partie, avec motif.
attributs des arts. feuille en brocart à fleurs en
couleurs sur fond d'argent.

88 — Vitrine. de style Louis XVI, ouvrant à une
porte et reposant sur une console avec tiroir;
fond plein et tablette d'entrejambe. Elle est ornée
de bronzes dorés de style et surmontée d'un
fronton.

89 — Petite table-bureau ou toilette, forme Louis XV,
en bois doré, à pieds contournés. et surmontée
d'un miroir entre deux tiroirs.

90 — Petite table ovale, de style Louis XVI, en
bronze doré, bronze bleui et à dessus de marbre; la ceinture garnie d'une frise de feuillages
et de quatre mascarons. Les montants, termi-
nés en pieds de biche, sont reliés par un entrejambe orné d'une rosace.

91 — Petit meuble-étagère. avec porte pleine dans le
bas, en bois sculpté et gravé, de style chinois,
et orné de quelques bronzes.

92 — Petite table-support. de même style.

93 — Trois chaises, de même style, avec dossiers
ajourés.

94 — Table-liseuse en acajou, à filets de cuivre.

95 — Fauteuil-caquetoire, style Renaissance, en
noyer sculpté.

96 — Deux candélabres à sept lumières à l'électricité, supportés par des figures de femmes drapées en bronze de *Barbedienne*, d'après FAL-
GUIÈRE.

97 — Deux colonnes-supports en onyx verdâtre,
avec chapiteaux et moulures de bronze.

98 — Statuette de Janissaire, bronze, d'après D.
DEBUT.

99 — Statuette de *Pierrot et la Mouche*, bronze,
d'après ENGLER.

100 — Groupe en bronze de MÈNE : Piqueur tenant
un chien en laisse.

101 — Petit vase en verre artistique, avec monture
en argent, par LOUCHET, ciseleur.

102 — Broc en étain, de A. VIBERT : *La Pêche*.

103 — Divers objets d'étagère en émail et en verrerie artistique.

104 — Pendule, de style Henri II, forme de temple carré à quatre colonnes et surmontée d'un dôme en émail genre Limoges, avec parties translucides, à sujets de figures et d'ornements.

105 — Deux chenets, de style Louis XVI, en bronze doré, modèle à vases et cornes d'abondance sur galeries ornées de rinceaux.

106 — Groupe de deux figures : *La Leçon de violon*, bronze de FAURE DE BROUSSE.

CABINET DE TRAVAIL

107 — Beau bureau, de style Régence (copie), en bois de rose et de violette, orné de chutes bustes de femmes, d'encadrements et de motifs de feuillages en bronze doré.

108 — Deux fauteuils, de style Louis XV, en bois sculpté, à ornements rocaille et dorés, garnis de velours de Gênes.

109 — Bergère Empire en acajou sculpté, ornée de bronzes, garnie de brocatelle verte.

110 — Fauteuil, de même style, garni d'étoffe fond rouge.

111 — Deux fauteuils-gondoles en acajou, bras à

cols de cygnes, garnis d'étoffe fond rouge de style.

112 — Gaine en acajou, de style Empire, ornée de bronzes.

113 — Petit support-guéridon, à trépied, en acajou, avec colonnettes accouplées en bronze doré et dessus à galerie de cuivre.

114 — Autre support-trépied, de même style, en acajou, garni de bronzes.

115 — Petite table-support, de style chinois, en bois sculpté.

116 — Buste de jeune fille, bronze de RANCOULET.

117 — Buste de jeune femme aux marguerites. Marbre blanc de CARRIER-BELLEUSE, grandeur nature.

118 — Bibliothèque, à deux portes, en noyer sculpté, de style Renaissance, à colonnettes cannelées, fronton et galerie.

119 — Petit lustre, à neuf lumières à l'électricité, en cuivre poli, genre Renaissance.

120 — Table-bureau Empire en acajou.

121 — Petit bureau, à cylindre, style Louis XVI, en acajou, à moulures de cuivre.

122 — Meubles de cabinet de toilette en pitchpin.

123 — Lustre en cristal de Baccarat, cinq lumières en deux éclairages.

124 — Lustre en bronze, avec pendeloques en cristal, disposé pour l'électricité à deux éclairages.

125 — Meubles divers.

126 — Poêles en faïence.

127 — Tapis de Smyrne et autres.

128 — Objets non catalogués.

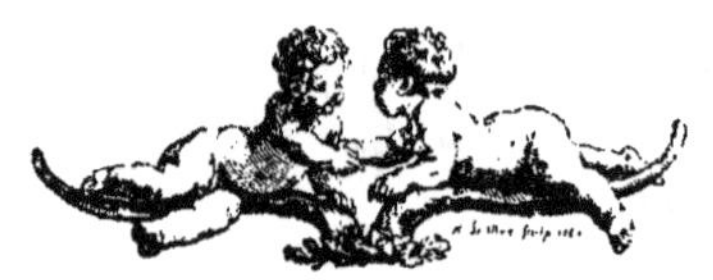